blibla
blibla
blibla
6000 KG

Absolut rekordverdächtig

Christoph Drösser lebt als freier Journalist und Autor in San Francisco (USA). Davor war er 18 Jahre lang bei der Wochenzeitung DIE ZEIT Redakteur im Ressort Wissen. Dort schuf er unter anderem die Kolumne „Stimmt's?", in der er Fragen seiner Leser nach Alltagsphänomenen beantwortet. Christoph Drösser hat 20 Bücher veröffentlicht, darunter auch vier Kinderbücher zu Wissensthemen.

Nora Coenenberg ist Illustratorin, Infografikerin und Editorial Designerin und wohnt in Hamburg. Seit 2012 gehört sie zum Gestaltungsteam von DIE ZEIT und betreut hier u. a. die Ressorts Politik und Wirtschaft. Neben dieser Tätigkeit gestaltet sie gern alles, worin Zahlen vorkommen, zum Beispiel Geschäftsberichte und Kindersachbücher. Außerdem unterrichtet sie, berät andere Künstler bei der Gestaltung ihres Portfolios und hält Vorträge zum Thema Grafikdesign.

Weitere Bücher von Christoph Drösser und Nora Coenenberg

Es geht um die Wurst

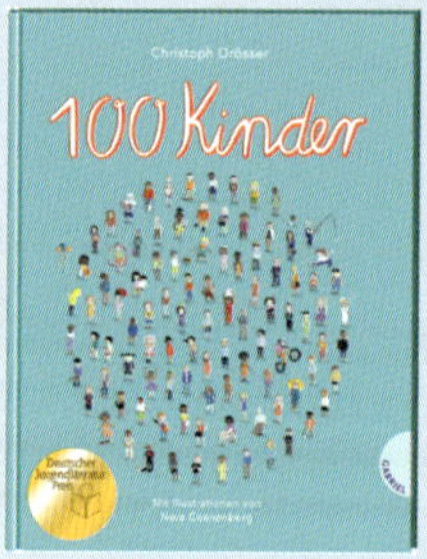

Ausgezeichnet mit dem Deutschen Jugendliteraturpreis 2021.

100 Kinder

Mehr über unsere Bücher, Autor*innen und Illustrator*innen auf:
www.gabriel-verlag.de

Christoph Drösser
Nora Coenenberg

ABSOLUT REKORDVERDÄCHTIG

Dein Leben in Zahlen

Gabriel

INHALT

EINLEITUNG

»→ Keiner weiß, wie viele Äpfel du in deinem Leben essen wirst. Du hast ja noch eine ganze Menge Jahre vor dir! Und manche mögen vielleicht überhaupt keine Äpfel. In diesem Buch schauen wir auf den durchschnittlichen 80-jährigen Menschen in Deutschland. Die Zahlen, die dabei herauskommen, sind tatsächlich faszinierend. 264 Kilogramm Salz? 408.800 Pupse? Wir haben selber gestaunt, als wir die Zahlen zu diesem Buch zusammengetragen haben. Es fängt ganz einfach an, mit der 1, und steigert sich von Kapitel zu Kapitel. Bei der letzten Zahl auf Seite 97 hast du vielleicht sogar Schwierigkeiten, sie vorzulesen. Kleiner Tipp: Es sind drei Milliarden dreihundertdreiundsechzig Millionen achthundertvierzig Tausend.

»→ An vielen der Zahlen kannst du wenig ändern, andere dagegen haben wir in der Hand: Wir können daran arbeiten, weniger Müll oder CO_2 zu produzieren, mehr Obst oder weniger Fleisch zu essen. Viel Spaß also mit den rekordverdächtigen Zahlen über dein Leben! *

LEBENSZEIT

Wenn du all die Stunden zusammenzählst, die du in der Schule verbringst – ergibt das dann mehr oder weniger Zeit als die Stunden, die du im Bett liegst? Vielleicht kommt dir die Schulzeit länger vor – aber tatsächlich verbringen wir insgesamt nur ein Jahr und zehn Monate in der Schule oder Ausbildung, das ist nur etwa das Doppelte der Zeit, die wir insgesamt auf dem Klo sitzen. Dagegen hat jemand, der 80 Jahre alt wird, etwa 33 Jahre im Bett verbracht. Wir verschlafen ein Drittel unseres Lebens!

Natürlich ist die Gesamtschulzeit auch deshalb so viel kürzer, weil sie auf wenige Jahre verteilt wird. Und die Schlafenszeit vergeht tatsächlich „wie im Schlaf".

Erstaunlich sind auch die fast zwölf Jahre Fernsehen. Sie ergeben sich aus der Zahl von 211 Minuten, die jeder Deutsche älter als drei Jahre 2019 täglich vor der Glotze verbrachte. Ob wir in der Zukunft noch so viel fernsehen oder uns im Internet oder in virtuellen Welten bewegen, kann man heute natürlich noch nicht sagen.

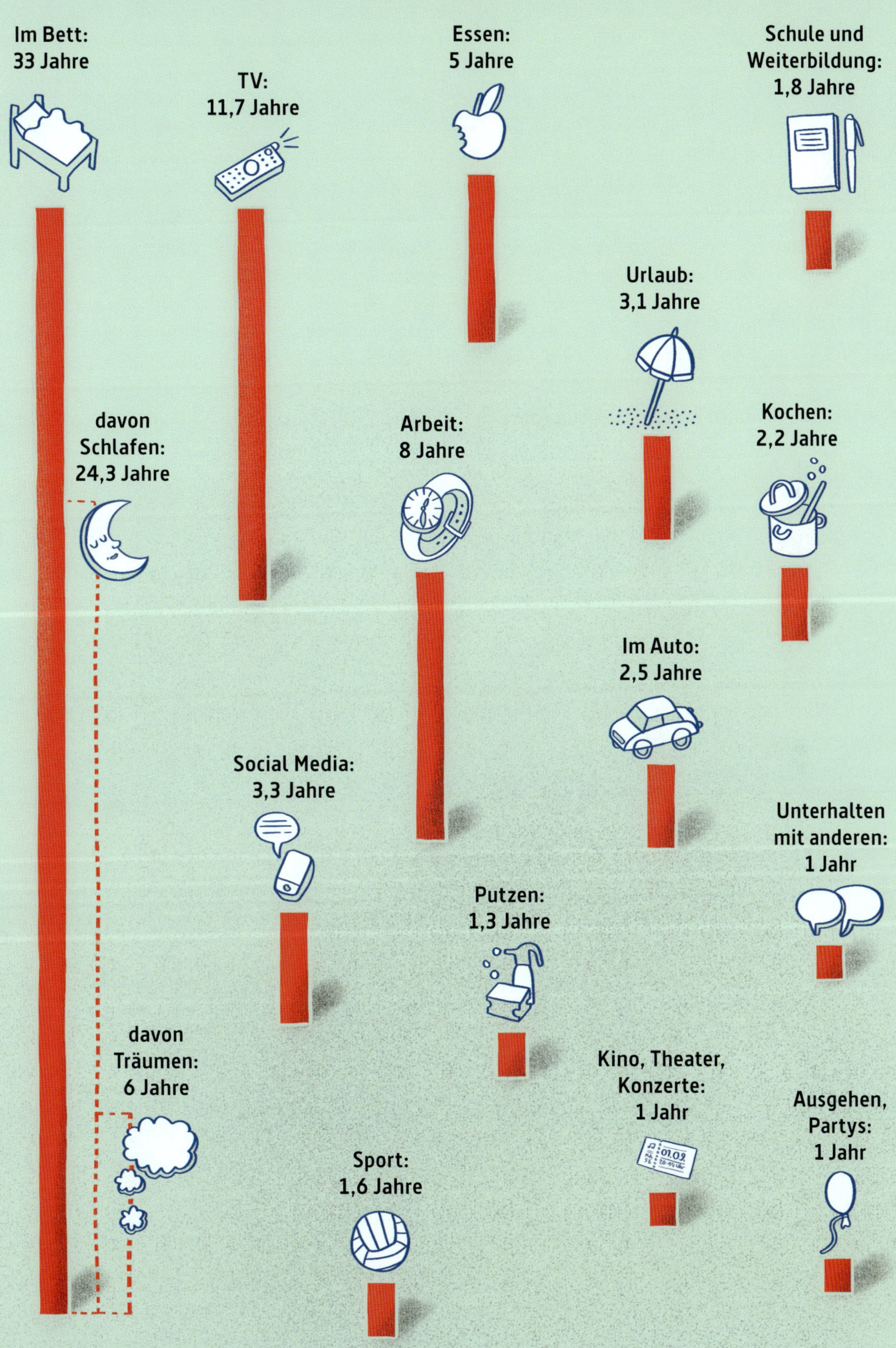
Im Bett:
33 Jahre
davon
Schlafen:
24,3 Jahre
davon
Träumen:
6 Jahre
TV:
11,7 Jahre
Social Media:
3,3 Jahre
Essen:
5 Jahre
Arbeit:
8 Jahre
Putzen:
1,3 Jahre
Sport:
1,6 Jahre
Urlaub:
3,1 Jahre
Im Auto:
2,5 Jahre
Kino, Theater,
Konzerte:
1 Jahr
Schule und
Weiterbildung:
1,8 Jahre
Kochen:
2,2 Jahre
Unterhalten
mit anderen:
1 Jahr
Ausgehen,
Partys:
1 Jahr

Nyo Schmidt
* 2013 † 2099

1 MAL GEBOREN WERDEN

»→ Es gibt nicht viele einmalige Dinge in unserem Leben. Zwei aber ganz bestimmt: Jeder und jede von uns wird genau einmal geboren und stirbt genau einmal. Jedenfalls solange die Wissenschaft noch kein Mittel gefunden hat, das Altern zu stoppen und den Tod zu besiegen. Vielleicht kommt diese Entdeckung ja im Lauf deines Lebens?

»→ Natürlich gibt es viele Dinge, die einzelne Menschen nur einmal machen: heiraten zum Beispiel. Oder mit einem Fallschirm aus einem Flugzeug springen. Oder auf die Zugspitze klettern. Aber das macht nicht jeder und manche machen es mehrmals.

Man kann auch alles nur einmal zum ersten Mal machen: das erste Mal Fahrrad fahren, ohne hinzufallen, der erste Schultag, der erste Kuss. Aber danach tun wir diese Dinge immer wieder.

»→ In einigen Religionen glauben die Menschen, dass sie nach dem Tod wiedergeboren werden, als Mensch oder auch als Tier. Für alle anderen aber gilt: Geburt und Tod sind die einzigen einzigartigen Ereignisse in unserem Leben! *

Natürlich kannst du nicht wirklich dreimal um den Globus laufen, ohne nasse Füße zu bekommen!

24-mal mit dem Auto

12-mal mit dem Flugzeug

2,5-mal mit dem Reisebus

2,5-mal mit dem Zug

0,5-mal mit dem Fahrrad

3 MAL UM DIE WELT

»→ Wie viele Schritte gehen wir jeden Tag? Wenn wir eine große Wanderung machen, können wir das vielleicht ungefähr sagen, aber wie viel macht das ganz normale Hin- und Herlaufen aus? Seit es Fitnessarmbänder und Smart-Uhren gibt, zählen viele Menschen täglich ihre Schritte. Es war auch ein japanischer Hersteller von solchen Schrittzählern, der die Empfehlung ausgab: Jeder von uns soll täglich 10.000 Schritte gehen, um fit zu bleiben!

Das ist seither so eine magische Zahl, 8000 reichen sicherlich aus, wenn man die in einem flotten Tempo geht. Die tatsächliche Zahl der Schritte, die wir an einem durchschnittlichen Tag gehen, liegt eher bei 7000. Damit kommen wir im Leben auf etwa 120.000 Kilometer, das ist dreimal die Länge des Äquators!

»→ Erheblich größere Strecken legen wir mit dem Auto zurück und mit dem Flugzeug – tatsächlich fliegt der Durchschnittsdeutsche zwölfmal um die Erde. Aber wir laufen mehr, als wir mit öffentlichen Verkehrsmitteln oder mit der Bahn fahren.

»→ Hier müssen wir aber betonen, dass es sich erstens um Durchschnittswerte handelt – manche Menschen können sich gar keine Flugreisen leisten – und außerdem um den Verkehr von heute. Werden die Leute in 30 Jahren überhaupt noch Auto fahren? Oder nennen wir die elektrischen, selbstfahrenden Fahrzeuge ganz anders? Gibt es vielleicht fliegende Autos? Müssen wir die Kategorie „Raumschiff" dazunehmen, weil auch Privatleute ins All fliegen können? Das können wir heute natürlich noch nicht sagen. ✱

3
HAUSTIERE

Die Katze ist das Lieblingstier der Deutschen, gefolgt vom Hund und Kleintieren wie dem Hamster.

Bei der Frage „Will ich ein Tier im Haus?“ sind die Deutschen ziemlich geteilter Meinung: 53 Prozent der Menschen haben ein Tier oder mehrere, 47 Prozent haben keins. Und natürlich sind sich die Familienmitglieder nicht immer einig: Oft wollen die Kinder ein Tier, aber die Eltern sind dagegen. Sie denken nämlich daran, wer den Hamsterkäfig sauber macht oder den Hund ausführt und daran, was man mit dem Tier macht, wenn man in Urlaub fährt.

»→ Die Katze ist übrigens das Lieblingshaustier der Deutschen: In jeder vierten Familie miaut es. Hunde gibt es in 21 Prozent der Haushalte, Kleintiere wie Hamster oder Mäuse in 5 Prozent, 4 von 100 Familien haben ein Aquarium, und 3 Prozent haben einen Vogel.

»→ Die Tiere leben unterschiedlich lange. Wir haben diese Lebenserwartung eingerechnet und sind so auf den Wert von 3 gekommen. 3 Tiere im Leben – das bedeutet aber auch dreimal über den Tod eines tierischen Lebensgefährten trauern. *

4 MAL VERLIEBT

Im Märchen trifft das einfache Mädchen den Traumprinzen, verliebt sich, nach einigem Hin und Her kommen die beiden zusammen. Und wenn sie nicht gestorben sind, dann sind sie auch noch heute ein Paar.

Im richtigen Leben passiert das eher selten, auch nicht in der Version mit dem einfachen Jungen und der Traumprinzessin. Die erste große Liebe – das müssen wir euch hier leider verraten – ist meist nicht von langer Dauer. Im Durchschnitt verlieben sich die Menschen viermal, dann haben sie vielleicht den Partner gefunden, mit dem sie viele Jahre verbringen können.

Aber egal ob einmal, zweimal oder viermal – in der Liebe wird viel geküsst. Außerdem küssen sich Eltern und Kinder oder auch Freunde bei der Begrüßung. Insgesamt 100.000-mal, das steht jedenfalls in vielen Artikeln, schmatzen wir in unserem Leben andere Menschen ab. Das wären drei bis vier Küsse pro Tag. Wie diese Zahl wohl ermittelt wurde?

4 KÜHLSCHRÄNKE

»→ Wahrscheinlich hast du noch nie in deinem Leben einen Kühlschrank gekauft. Und die Chancen stehen gut, dass das Gerät in eurer Küche immer noch dasselbe ist wie zur Zeit deiner Geburt. Denn Kühlschränke halten 10 bis 15 Jahre.

Wenn du irgendwann eine eigene Wohnung hast, kaufst du wahrscheinlich auch keinen fabrikneuen Kühlschrank. Oft übernimmt man einen, der da schon steht, oder Omas altes Gerät, oder man kauft günstig einen gebrauchten. Einen wirklich neuen Kühlschrank kaufst du nur 4-mal in deinem Leben.

»→ Ganz ähnlich ist es mit anderen großen Haushaltsgeräten: 3 Waschmaschinen und 3 Spülmaschinen werden es insgesamt sein und 2 Elektroherde. Außerdem 1 Wäschetrockner. Die Zahl ist deshalb kleiner, weil in weniger als der Hälfte der deutschen Haushalte ein solcher Trockner steht.

Apropos Haltbarkeit: Das Umweltbundesamt hat herausgefunden, dass die Lebensdauer von Haushaltsgeräten immer kürzer wird. Das ist nicht gut für die Umwelt – zwar verbrauchen neue Geräte meist weniger Strom als die alten, aber es entsteht bei jedem Austausch eine Menge Müll. ✱

6 WOHNUNGEN

⟫⟶ Wenn Deutsche sich einmal wohlfühlen in ihrer Wohnung und ihrem Haus, dann möchten sie da am liebsten auch wohnen bleiben. Im ganzen Leben ziehen wir durchschnittlich 4,5-mal um. Die Menschen in den USA dagegen wechseln 11,9-mal die Wohnung und ziehen dabei auch quer durch das große Land. Deutsche bleiben am liebsten in der Gegend, in der sie schon sind.

⟫⟶ Auf den nächsten beiden Seiten haben wir einmal so ein typisches „Wohnleben" in Deutschland beschrieben. Auch hier gilt, wie immer: Natürlich läuft nicht jedes Leben so ab. Manche Auszubildende oder Studierende wohnen weiterhin bei ihren Eltern. Ein Jobwechsel macht einen Umzug in eine andere Stadt oder auch ins Ausland notwendig. Manche sind irgendwann das hektische Leben in der Stadt leid und ziehen in ein Haus auf dem Land. Paare trennen sich und brauchen dann getrennte Wohnungen. Was aber immer seltener vorkommt, ist das, was in früheren Zeiten normal war: dass jemand sein ganzes Leben lang im selben Haus wohnt.

So etwa sieht ein typisches Wohnleben in Deutschland aus:

Wohnung 1

bei der Geburt

Klar, bei den Eltern, wo sonst?

Wohnung 2

mit 19 Jahren

Nach der Schule macht man eine Ausbildung oder studiert, dann wollen die meisten auch eine eigene Wohnung haben.

Wohnung 3

mit 28 Jahren

Die Liebe ruft – man findet einen Partner oder eine Partnerin und möchte zusammenziehen. Einer von beiden muss seine alte Wohnung aufgeben – oder man sucht zusammen etwas Neues.

Wohnung 4

mit 35 Jahren

Kinder sind da, die alte Wohnung wird zu klein. Außerdem zieht man vielleicht lieber aus der Stadt aufs Land.

Wohnung 5

mit 60 Jahren

Die Kinder sind aus dem Haus, und das sieht plötzlich viel zu groß aus. Man „verkleinert sich".

Wohnung 6

mit 75 Jahren

Im Alter können Menschen keine Treppen mehr steigen oder sich auch nicht mehr selbst versorgen – sie ziehen in eine altersgerechte Wohnung oder auch ein Altenheim.

Freust du dich schon auf dein erstes Auto? Ein Wagen, der dir ganz allein gehört? Wahrscheinlich wird es ein Gebrauchter sein, vielleicht mit einigen Rostflecken, aber trotzdem ist es für viele ein ganz besonderes Erlebnis, zum ersten Mal ins eigene Auto zu steigen und loszufahren.

Im Lauf der Jahre wird der Kauf eines neuen Wagens, ob fabrikneu oder gebraucht, dann mehr und mehr zur Gewohnheit.

Wenn man die Zahlen von heute in die Zukunft fortschreibt, dann wirst du in deinem Leben 3 Neuwagen kaufen und 7 gebrauchte. Man kann aber schon jetzt feststellen, dass jüngere Leute viel weniger autoverrückt sind als ältere. Die Leute, die sich heute ein neues Auto kaufen, sind durchschnittlich

10 AUTOS

53 Jahre alt – 1995 waren sie noch 46. Jüngere Leute kaufen häufiger Gebrauchtwagen, aber auch ihr Durchschnittsalter ist von 38 auf 45 gestiegen. Gut möglich also, dass die meisten von euch unter dieser Zahl von 10 Autos bleiben.

Vielleicht kauft ihr dafür mehr Fahrräder. Deren Zahl ist nämlich interessanterweise gar nicht so viel größer als die der Autos: nur 5 neue Räder kaufen wir im Lauf unseres Lebens. Wie viele gebrauchte es sind, dazu gibt es keine Statistik. Wenn es noch mal 5 sind, dann kommen wir auch auf 10. Interessant: Heute ist schon jedes dritte verkaufte Fahrrad ein E-Bike – die Zahl wird sicherlich in den nächsten Jahren noch steigen und vielleicht tauscht auch mancher sein Auto gegen ein solches umweltfreundliches und gesundes Verkehrsmittel.

Kein Haar wird wirklich 12 Meter lang – sie fallen vorher aus.

12
METER HAARE

»→ Was wächst am schnellsten: Haare auf dem Kopf, Haare auf den Armen, Fingernägel oder Fußnägel?

Die Antwort: Am langsamsten sind die Fußnägel, die wachsen etwa 2 Zentimeter pro Jahr. Fingernägel wachsen 4 Zentimeter. Die Haare auf den Armen wachsen etwa 8 Zentimeter und die auf dem Kopf 13 Zentimeter pro Jahr, das macht in 80 Jahren etwa 12 Meter.

Moment mal – wer hat denn 8 Zentimeter lange Haare auf den Armen? Natürlich niemand, aber das heißt nicht, dass die Armhaare langsamer wachsen. Sie werden einfach nicht so lang und fallen früher aus. Ein Kopfhaar dagegen kann 80 Zentimeter lang werden. Der Weltrekord liegt sogar bei 5,62 Metern!

»→ Aber niemand wird es schaffen, die 12 Meter Haare, die im Verlauf des Lebens aus der Kopfhaut sprießen, auch tatsächlich auf dem Kopf zu haben.

Um die Haare in Form bringen zu lassen, gehen die meisten Menschen zum Frisör – Frauen etwa 350-mal, Männer 490-mal. Die Männer gehen also öfter, aber die Frauen geben doppelt so viel Geld dafür aus. ✱

21

SMARTPHONES

⟫⟶ Du kannst es dir wahrscheinlich kaum vorstellen: Bis 2007 gab es überhaupt keine Smartphones. Vielleicht liegt bei euch zu Hause noch ein altes Klapp-Handy mit einem winzigen Display rum – so sahen früher die Mobiltelefone aus.

Inzwischen haben über 97 Prozent der Jugendlichen über 14 Jahre ein Smartphone! Und jedes Jahr werden in Deutschland 22 Millionen dieser Geräte verkauft. Alle drei bis vier Jahre wollen die Leute ein neues haben. Auf dieser Zahl beruht unsere Schätzung.

⟫⟶ Aber werden die Leute auch in 10 oder 20 Jahren Smartphones kaufen? Vielleicht gibt es bis dahin schon längst eine ganz neue Erfindung. Wer weiß heute noch, was ein Walkman ist? Da musst du wahrscheinlich deine Eltern fragen. Selbst MP3-Player wie den iPod, der 2001 eingeführt wurde, benutzt kaum noch jemand, das kann heute alles das Smartphone. Deshalb werden dich deine Kinder später vielleicht ganz verständnislos durch ihre direkt mit dem Gehirn gekoppelten Datenbrillen anschauen, wenn du ihnen stolz von deinem ersten Smartphone erzählst. ✱

23
TAGE IM KNAST

Du wirst in deinem Leben 23 Tage im Gefängnis verbringen. Was? Ich? Wofür denn? Antwort: Für eins von den 5 Verbrechen, die du im Lauf deines Lebens begehst.

Hier zeigt sich sehr deutlich, dass es nicht immer sinnvoll ist, Durchschnittswerte zu betrachten. In Deutschland sitzen ständig etwa 65.000 Menschen im Gefängnis, manche für ein paar Monate, manche für viele Jahre. Verteilt man all die Gefängnistage auf die gesamte Bevölkerung, dann kommt so ein Mittelwert heraus.

Ähnlich ist es mit den Verbrechen: 5,4 Millionen Straftaten werden in Deutschland jedes Jahr registriert. Das sind bestimmt nicht alle begangenen Verbrechen, sondern nur diejenigen, die tatsächlich der Polizei gemeldet wurden. Und auch hier kann man den Durchschnitt bilden.

Aber das heißt natürlich nicht, dass du tatsächlich hinter Gitter kommst. Verbrechen sind ein Beispiel dafür, dass wir unser Schicksal selbst in der Hand haben. Wenn du nichts Verbotenes tust, kann dir auch nichts passieren – jedenfalls in Deutschland.

36
MAL WÄHLEN

»→ Deutschland ist eine Demokratie, das bedeutet: Die Menschen können wählen, von wem sie regiert werden. Wir wählen die Volksvertreter für den Stadt- oder Gemeinderat, für den Landtag unseres Bundeslandes, für den Bundestag und fürs Europaparlament. Diese Wahlen finden jeweils alle 4 bis 5 Jahre statt, da kommt im Lauf des Lebens einiges zusammen.

Vielleicht hast du deine Eltern schon einmal in ein Wahllokal begleitet – so nennt man die Orte, wo man abstimmen kann. Oft sind das zum Beispiel Schulen. Man bekommt einen Stimmzettel, damit geht man hinter einen Sichtschutz, denn die Wahl ist geheim. Und dann kreuzt man auf dem Zettel die Kandidatinnen oder Kandidaten an, die man wählen möchte.

»→ In einer Demokratie kann man Politiker nicht nur ins Amt wählen – man kann sie auch wieder loswerden, wenn sie einen schlechten Job machen. Diese Möglichkeit hat nur etwa die Hälfte der Menschen auf der Welt. Der Rest lebt in Diktaturen und wird oft von Politikern regiert, die ihr Volk ausbeuten und unterdrücken. ✱

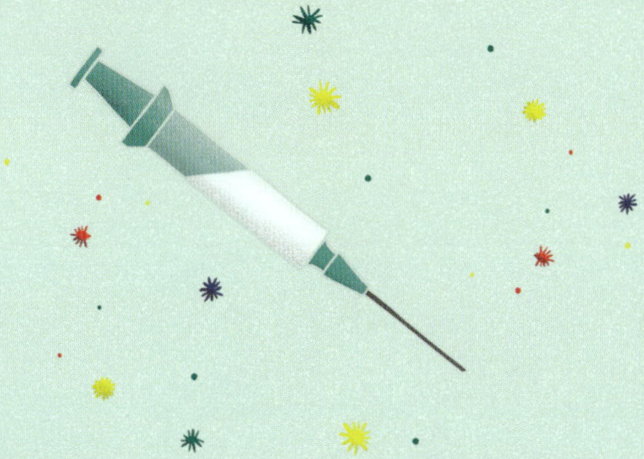

38 MAL GEIMPFT

»⟶ Seit der Erfindung der Impfung vor über 200 Jahren konnten viele ansteckende Krankheiten besiegt oder zumindest eingedämmt werden. Das Prinzip ist einfach: Man spritzt den Menschen eine unwirksame Version eines Krankheitserregers, zum Beispiel des Masern-Virus. Das Immunsystem unseres Körpers lernt diese harmlosen Erreger zu bekämpfen. Und wenn wir uns irgendwann mit dem echten Virus anstecken, wird es ausgeschaltet, bevor es uns wirklich krank machen kann.

»⟶ Am häufigsten werden wir im Baby- und Kindesalter geimpft – gegen Krankheiten wie Masern, Kinderlähmung oder Keuchhusten. Aber auch Erwachsene müssen ihren Impfschutz ab und zu auffrischen, etwa gegen Tetanus, eine Infektion durch offene Wunden. Dann gibt's jedes Jahr neue Grippeviren, gegen die man sich impfen lassen kann. Und wenn eine Pandemie ausbricht wie das Coronavirus im Jahr 2020, muss plötzlich die ganze Bevölkerung geimpft werden.

Dass wir einige sehr grässliche Krankheiten heute praktisch ausgerottet haben – das ist den kurzen Schmerz wert! ✱

Unser Körper produziert ständig Tränen – und das ist nötig, sonst würden die Augen austrocknen. Wenn uns etwas ins Auge fliegt, wird eine zweite Sorte Tränen hergestellt. Und dann gibt's noch die Tränen, die beim Weinen entstehen, wenn wir traurig oder wütend sind. Diese drei Sorten haben eine unterschiedliche chemische Zusammensetzung!

50
LITER TRÄNEN

23.360 Liter Schweiß (so viel wie in einem Tankwagen) ↓

↑ **1,5 Liter Ohrenschmalz (so viel wie in einer großen Flasche)**

Egal ob Tränen, Schweiß, Blut, Nasenschleim oder Magensäure: All diese Körperflüssigkeiten bestehen zum größten Teil aus Wasser, aber sie alle enthalten ganz spezielle Zutaten wie Enzyme oder Salze, die ihnen ihre besondere Wirkung verleihen. Und im Lauf des Lebens produzierst du riesige Mengen davon. Hier sind ein paar Beispiele! ✱

Wir verreisen 30-mal mit Auto oder Wohnmobil, 30-mal mit dem Flieger und je 4-mal mit Reisebus und Bahn.

68 MAL IM URLAUB

»⟶ Sommer, Sonne, Urlaub! Ob ans Meer oder in die Berge – du wirst, wenn du ein Durchschnittsdeutscher oder eine Durchschnittsdeutsche bist, in deinem Leben fast jedes Jahr eine Urlaubsreise von fünf Tagen oder mehr machen. Insgesamt verbringst du 865 Tage im Urlaub. Dazu kommen noch 84 kürzere Trips, zum Beispiel am Wochenende. All diese Reisen kosten deine Eltern und später dich selber eine Menge Geld: insgesamt 93.160 Euro gibst du dafür aus.

»⟶ Von den längeren Reisen führt ein Viertel an ein deutsches Urlaubsziel, drei Viertel ins Ausland. 9-mal fährst oder fliegst du nach Spanien, 6-mal nach Italien, 4-mal in die Türkei und 3-mal nach Österreich.

All das sind natürlich wieder mal Mittelwerte. Vielleicht fährt deine Familie ja jedes Jahr nach Österreich und du warst jetzt schon mehr als 3-mal dort. Und vor allem: Dass die Menschen durchschnittlich eine Urlaubsreise im Jahr machen, heißt nicht, dass sich jeder tatsächlich einen Urlaub leisten kann. Jedes Jahr macht ein Viertel aller Deutschen überhaupt keine Urlaubsreise, nicht mal eine kurze. *

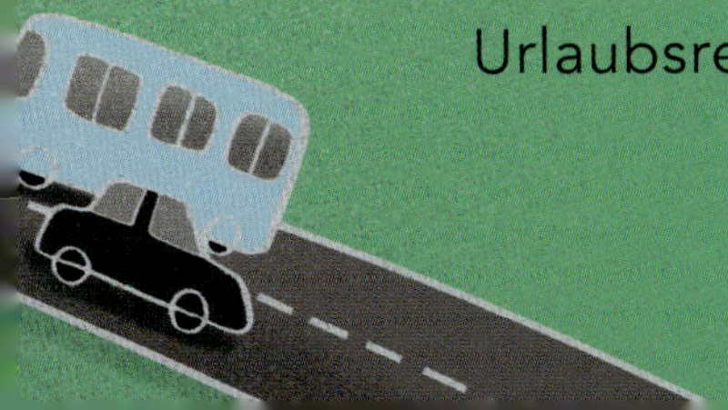

112

128

TAGE IM KRANKENHAUS

»⟶ Eigentlich wollten wir euch hier vorrechnen, wie viele Tage im Leben ihr krank seid. Aber diese Zahl ist sehr schwer zu berechnen. Zählt ein einfacher Schnupfen schon dazu? Oder erst eine Krankheit, die so schlimm ist, dass ihr nicht zur Schule gehen könnt?

Je älter die Menschen werden, desto schwieriger wird es, die Grenze zwischen „gesund" und „krank" zu ziehen. Zwei Drittel aller Menschen über 65 haben eine sogenannte chronische, also eine länger dauernde Krankheit.

Sicher können wir alle die Menschen als krank bezeichnen, die im Krankenhaus liegen (vielleicht mit Ausnahme der Mütter, die dort Babys zur Welt bringen). In einem Durchschnittsleben sind das 128 Tage.

»⟶ Im Berufsleben fehlen deutsche Arbeitnehmerinnen und Arbeitnehmer durchschnittlich 18,4 Tage pro Jahr. Wenn wir mal annehmen, dass man auch während der Kindheit so viele Tage ernsthaft krank ist und nicht zur Schule gehen kann, dann kommt man bis zum Rentenalter mit 67 auf 1233 Krankheitstage. ✱

180 KLASSENARBEITEN

»→ Du verbringst in deinem Leben weniger als zwei Jahre in der Schule (siehe Seite 8), das klingt ziemlich wenig. Wenn man die Zeit aber auf 10.688 Schulstunden verteilt, dann kommt es dir sicher plötzlich sehr viel vor: 21.376-mal Klingeln, 10.688-mal auf die Uhr schauen, ob die Zeit schon rum ist – aber auch 10.688-mal etwas Neues lernen. Natürlich sind die Stundenzahlen verschieden, es kommt auf den Schulabschluss an.

Und dann gibt es die Klassenarbeiten. Sie sind die Quelle für Aufregung, für Ängste, weil man vielleicht nicht genug gelernt hat, für Freude über eine gute Note oder Frust über eine schlechte. Man schläft oft nicht gut in der Nacht davor, das Herz klopft bis zum Hals, wenn der Lehrer oder die Lehrerin die Aufgabenzettel verteilt. Wie oft passiert das?

»→ Das ist von Bundesland zu Bundesland unterschiedlich. Wir haben es für das Land Schleswig-Holstein ausgerechnet und kommen für Schüler, die Abitur machen, auf 180 Klassenarbeiten – und das sind nur die „großen" Arbeiten in den Hauptfächern, keine kurzen Tests. Schule, das heißt aber auch: 4400 große und kleine Pausen und 147 Wochen Ferien! *

183 PAAR JEANS

»⟶ Wie viele neue Kleidungsstücke braucht man jedes Jahr? Wenn du noch wächst, werden deine Hosen, Schuhe und Pullis ständig zu klein. Vielleicht kriegst du manche Sachen von älteren Geschwistern oder aus dem Secondhand-Laden, aber trotzdem brauchst du immer wieder neue Kleidungsstücke, weil du aus den alten herauswächst.

Erwachsene werden nicht mehr größer, allenfalls breiter oder schmaler. Trotzdem kaufen viele wie wild neue Klamotten – meistens nicht deshalb, weil die alten kaputt sind, sondern weil sie ihnen nicht mehr gefallen oder weil es einen neuen Modetrend gibt. Im Jahr kauft jeder und jede Deutsche 60 neue Kleidungsstücke. Macht im Leben etwa 4800 Klamotten, für die wir 51.003 Euro ausgeben. Und allein 183 davon sind Jeans.

»⟶ Textilien sind in den vergangenen Jahren im Vergleich zu anderen Sachen immer billiger geworden. Wir kaufen immer mehr davon und tragen die Sachen nur noch halb so oft wie früher. Löcher werden nicht mehr gestopft oder geflickt, die Kleidung wandert in den Müll – 376 Kilogramm Textilien schmeißen wir in unserem Leben weg. Wären das alles T-Shirts, so könnte man die zu einem 28 Meter hohen Turm stapeln!

»⟶ Das alles ist natürlich nicht gut für die Umwelt. Kleidung wird meist in Ländern mit niedrigen Umweltstandards produziert, dabei werden giftige Chemikalien eingesetzt. Und die Arbeitsbedingungen dort sind häufig sehr schlecht. Wenn du glaubst, dass Klamotten, die du in den Altkleider-Container wirfst, an Menschen in armen Ländern weitergegeben werden, dann irrst du dich: Die meisten dieser Sachen wandern entweder gleich in den Müll oder werden zu minderwertigen Putzlappen verarbeitet, die auch bald Abfall sind.

»⟶ Statt zwei billige T-Shirts zu kaufen, sollte deine Familie also lieber zu einem etwas teureren greifen, das umweltfreundlich hergestellt ist und länger hält. Denn glücklich machen neue Klamotten meist nur für einen Tag – dann wandern sie in den Kleiderschrank und manche werden nie wieder hervorgeholt. ✻

264
KILO SALZ

»→ Dass wir zu viel Zucker essen, könnt ihr im Kapitel über Süßigkeiten lesen (Seite 62). Insgesamt nehmen wir im Leben 2704 Kilo Zucker zu uns – dazu gehört der Kristallzucker, den wir im Haushalt verbrauchen, aber auch der Zucker in Fruchtsäften und anderen Lebensmitteln.

Unser Körper mag aber nicht nur Zucker, sondern auch Salz. Manche Menschen können gar nicht aufhören, wenn sie einmal eine Tüte Kartoffelchips oder Erdnussflips geöffnet haben. Salz ist lebensnotwendig, aber zu viel davon ist auch nicht gut. Maximal 6 Gramm sollen wir jeden Tag essen, sagen Ernährungsforscher, aber tatsächlich nehmen wir viel mehr zu uns – Männer etwa 10 Gramm, Frauen 8,4. Im Lauf des Lebens summiert sich das auf einen Salzberg von 264 Kilogramm.

»→ Salziges Essen ist lecker, aber auf die Dauer ein bisschen langweilig, wenn nicht noch ein paar Gewürze dazukommen. Pfeffer zum Beispiel macht das Essen angenehm scharf, wir essen davon 27 Kilo in unserem Leben. Und dann gibt's noch Kümmel, Majoran, Curry, Koriander, Zimt … 60 Kilo dieser Gewürze verbrauchen wir insgesamt. ⁕

Wir haben nur die Weihnachtsgeschenke gezählt – aber wahrscheinlich bekommst du auch noch eine Menge an deinem Geburtstag!

522 WEIHNACHTSGESCHENKE

»⟶ Wahrscheinlich ist es bei euch zu Hause auch so, dass die Kinder die meisten Weihnachtsgeschenke auszupacken haben, während Vater und Mutter nur ein oder zwei Päckchen bekommen. Mach dich also darauf gefasst, dass du nicht dein Leben lang so viele Geschenke kriegen wirst wie jetzt!

Vielleicht feiert deine Familie aber auch gar nicht Weihnachten. Es ist ja eigentlich ein christliches Fest, und unter uns leben viele Menschen, die einen anderen Glauben haben oder gar keinen. Viele machen aber bei der Geschenktradition mit, obwohl das Fest für sie keine religiöse Bedeutung hat.

»⟶ Bis du 16 bist, haben deine Eltern im Durchschnitt 2064 Euro für deine Weihnachtsgeschenke ausgegeben, davon allein 1120 Euro für Spielzeug. Und da sind Großeltern und andere Verwandte noch nicht mitgezählt. Braucht ein Kind wirklich so viel? In unserem Buch „100 Kinder" beschreiben wir, dass 70 von 100 Spielzeugen, die jedes Jahr produziert werden, an Kinder in Amerika und Europa gehen, obwohl nur 17 Prozent der Kinder von dort stammen. Und dass mehr Besitz nicht unbedingt glücklicher macht. *

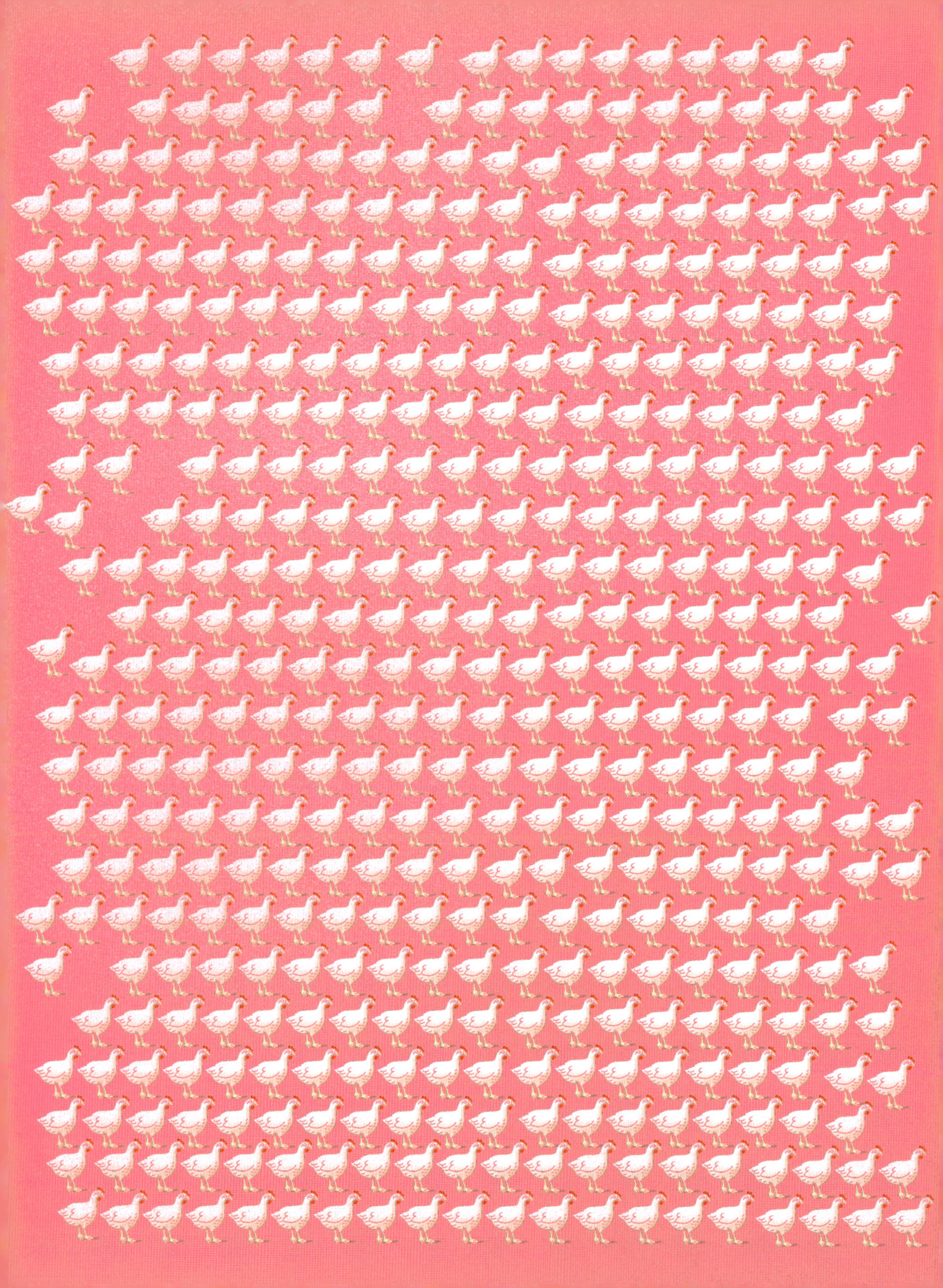

723 HÜHNER

»→ Manche Menschen essen keine Tiere, sie sind Vegetarier. Aber das ist bisher nur ein kleiner Teil der Bevölkerung – fast alle von uns essen Fleisch und Wurst. Zählt man alle Tiere zusammen, die dafür in Deutschland jedes Jahr geschlachtet

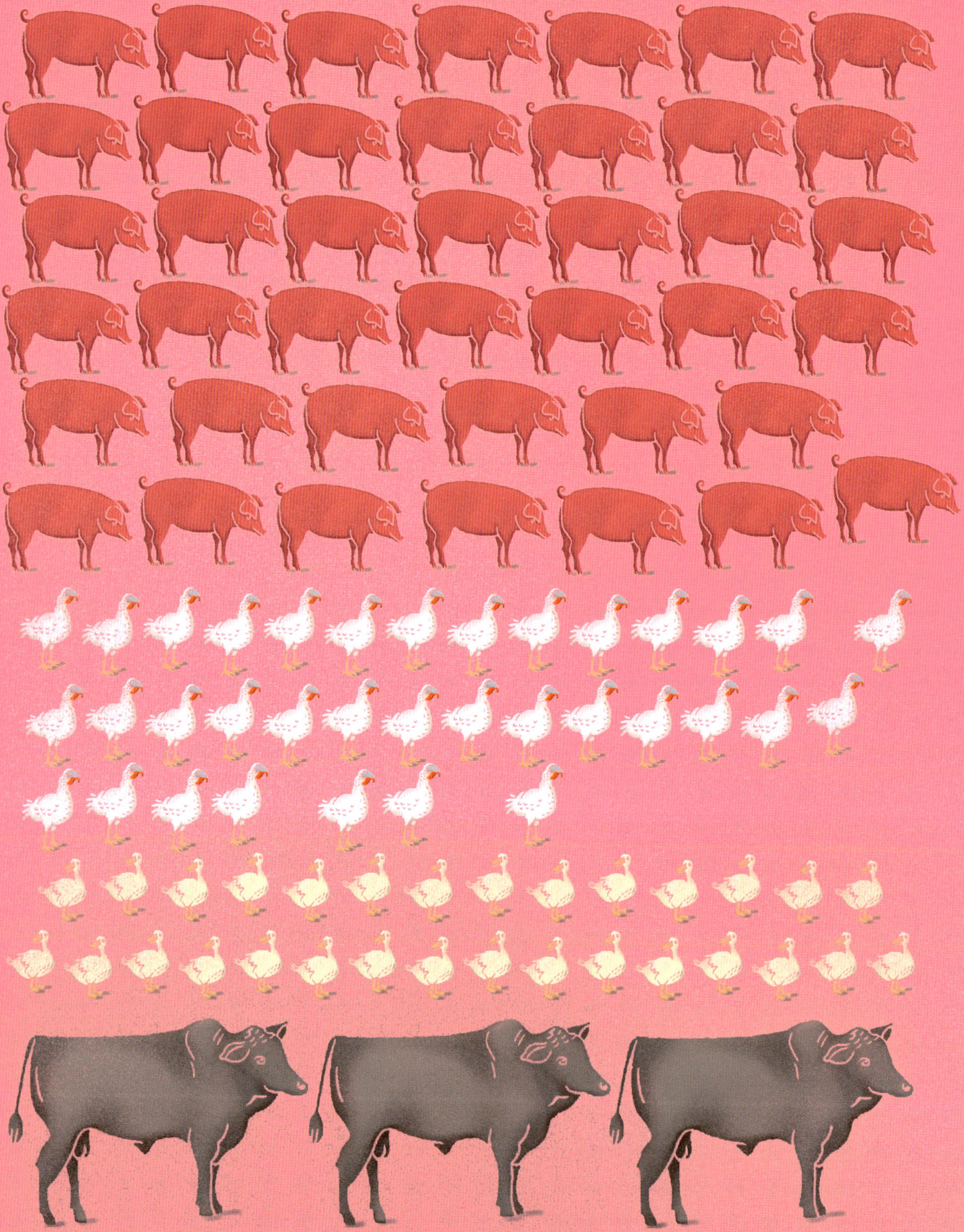

werden, verteilt sie auf die gesamte Bevölkerung und nimmt das Ganze mit 80 Jahren mal, dann isst jede und jeder von uns im Lauf des Lebens 723 Hühner, 41 Schweine, 35 Puten und Truthähne, 30 Enten, 3 Rinder, 2 Schafe und eine Gans – die „Gesamtbevölkerung" eines größeren Bauernhofs!

»→ Das sind nicht nur beeindruckend große Zahlen, es ist auch zu viel, jedenfalls glauben das die meisten Ernährungsexperten. Fleisch ist eine gute Ergänzung unseres Speiseplans, wenn wir es in Maßen essen – und es kann Krankheiten fördern, wenn wir es massenhaft vertilgen. Tiere, die in großen Massenbetrieben gehalten werden, haben meist kein sehr gutes Leben. Außerdem ist diese Fleischproduktion schlecht für die Umwelt, sie trägt zum Klimawandel bei. Deshalb ist es eine gute Idee, weniger Fleisch zu essen. Dann kann man auch ein bisschen mehr für das Schnitzel oder die Wurst ausgeben und darauf achten, dass es umwelt- und tierfreundlich hergestellt wurde. ✱

750
BÜCHER

»⟶ Fragt man die Menschen, wie viele Bücher sie lesen, bekommt man sehr unterschiedliche Antworten. Wer zählt beim Lesen schon wirklich mit? Und gelten auch die vielen Bücher, die man angefangen, aber nie zu Ende gelesen hat? In Umfragen kommen meist Werte zwischen 9 und 12 Büchern pro Jahr heraus, wir haben einen Wert von 10 genommen und das ab dem 6. Lebensjahr berechnet – davor lesen die meisten Kinder ja nicht selber. Macht zusammen 750 Bücher, ein ungefähr 15 Meter hoher Bücherturm.

»⟶ Wir lesen heute mehr als je zuvor – wenn man die vielen Stunden mitzählt, die wir vor dem Bildschirm verbringen und zum Beispiel Nachrichten in den sozialen Medien lesen. Schaut man nur auf Bücher und Zeitungen, dann haben wir für die immer weniger Zeit. Aufs ganze Leben hochgerechnet, blättern wir aber immer noch etwa 232 Tage in Zeitungen und Zeitschriften und schmökern 135 Tage in Büchern.

Jedes Jahr werden in Deutschland ungefähr 80.000 neue Bücher veröffentlicht. Dieser Bücherturm wäre mehr als 100-mal so hoch wie dein persönlicher Bücherstapel! ✱

Magst du Pizza? Dann macht ihr euch zu Hause vielleicht auch ab und zu eine Tiefkühlpizza. Das ist so ziemlich das bequemste Mittag- oder Abendessen: Ofen vorheizen, kalte Pizza rein, nach ein paar Minuten wirft der Käse Blasen, und man kann den knusprigen Teigfladen rausholen. Etwa 13-mal im Jahr macht das jeder und jede Deutsche, ergibt zusammen 1040 Pizzen. Echte Pizzafans rümpfen bei dem Gedanken vielleicht die Nase – sie essen ihre Pizza im Restaurant oder lassen sich eine nach Hause bringen. Einen solchen Lieferservice nutzt man im Durchschnitt 104-mal im Leben.

1040
TIEFKÜHLPIZZEN

5
Burger

4
Pommes

Egal ob tiefgefroren, im Restaurant oder per Bote gebracht – Pizza gehört zum sogenannten Fast Food. Das ist nicht unbedingt ungesund, wenn man es nur ab und zu genießt und zusätzlich gesündere Dinge wie Obst und Gemüse isst. Ernährungsfachleute machen sich vor allem Sorgen um die Jugendlichen. Die greifen nämlich besonders häufig zum schnellen Essen: Mädchen verputzen etwa 21 Kilo Fast Food pro Jahr, Jungen sogar 31. Am beliebtesten ist die Pizza, gefolgt von gefülltem Fladenbrot (Döner, Falafel), Würstchen, Pommes und Burger.

»→ 21 Plastiktüten hat jeder und jede Deutsche im Jahr 2019 verbraucht. Diese Zahl haben wir mit 80 malgenommen und sind auf 1680 Tüten im Leben gekommen. Aber der Plastiktütenverbrauch sinkt seit einiger Zeit sehr stark: Im Jahr 2000 waren es noch 85 Tüten pro Kopf. Und seit dem 1. Januar 2022 sind die normalen Plastiktüten ganz verboten. Im Supermarkt nimmt man dann eine Papiertüte oder, viel besser, bringt eine Einkaufstasche von zu Hause mit. Es ist also sehr wahrscheinlich, dass du im Lauf deines Lebens weniger dieser Tüten benutzt!

»→ Erlaubt sind jetzt nur noch dickere Tüten, die man nicht so einfach wegwirft, sondern häufig wiederverwenden kann, und die sogenannten „Hemdchentüten" – das sind die ganz dünnen Plastiktüten, in die man im Supermarkt zum Beispiel Obst und Gemüse verpackt.

Warum sind Plastiktüten so umweltschädlich? Sie machen

1680 PLASTIKTÜTEN

zwar nur etwa ein Prozent des Plastikmülls aus, aber sie werden oft gedankenlos weggeworfen und gelangen dann in die Umwelt.

»—› In Ländern, in denen es noch Müllkippen gibt (Deutschland gehört nicht dazu) werden die Tüten oft vom Wind verweht. Wenn sie ins Meer gelangen, zersetzen sie sich in winzig kleine Partikel, sogenanntes Mikroplastik, das für Tiere gefährlich werden kann. Außerdem verbraucht ihre Herstellung viel Energie und den Rohstoff Erdöl und nur ein kleiner Bruchteil des Plastiks kann heute recycelt werden.

Natürlich ist das Plastikmüllproblem nicht gelöst, wenn wir auf die Tüten verzichten. Überleg nur, wie viele Plastikverpackungen von Produkten jedes Jahr ins Haus kommen, die wir sofort in den Müll werfen – etwa 40 Kilo pro Kopf in Deutschland! Da lässt sich noch eine Menge vermeiden. ✱

Von den 2000 Menschen,
die man beim Namen kennt ...
... sind 150 stabile
Beziehungen, ...
... 50 davon
sind engere
Bekannte ...
... und nur 10 sind
echte Freunde oder
Freundinnen

2000 BEKANNTE

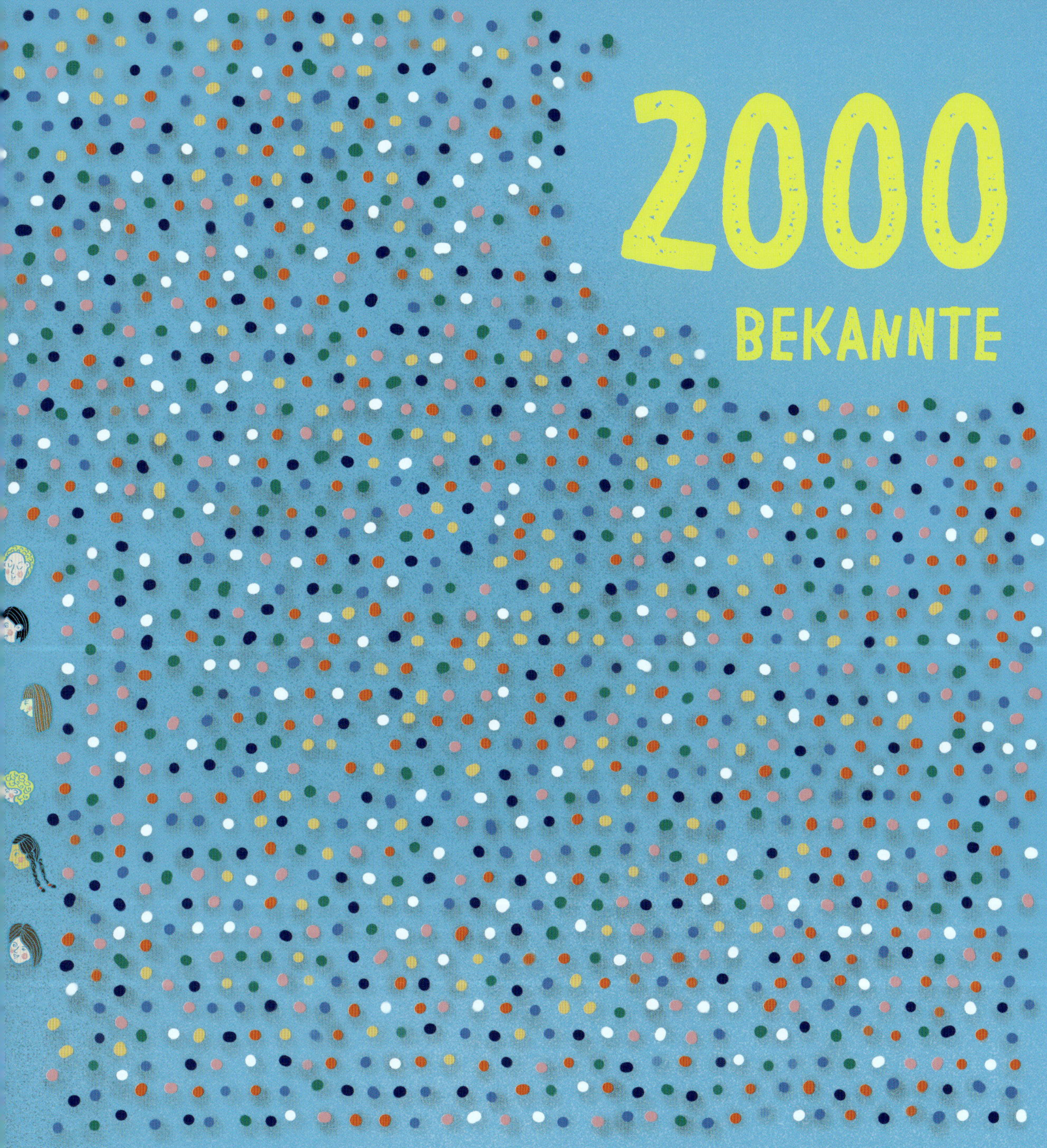

Wie viele Menschen kennst du? Das kommt drauf an, wie alt du bist. Kleine Kinder kennen zunächst nur Menschen aus ihrer Familie, ein paar Nachbarn und Freunde der Eltern. Wenn sie in die Kita kommen und später in die Schule, wächst die Menge rasant an: Lehrer, andere Schüler, deren Eltern. In der Ausbildung steigt die Zahl noch einmal und je nach Beruf trifft man teilweise Tausende von Menschen.

Wenn man die Frage stellt, wie viele Menschen man insgesamt im Leben kennenlernt, dann kommt es drauf an, was damit gemeint ist. Forscher haben versucht, das herauszufinden, und sind zu folgenden Ergebnissen gekommen:

Wenn man Erwachsenen Fotos zeigt, können wir bei etwa 5000 Menschen sagen: Kenne ich!

Sollen wir aber sagen, wer auf dem Foto drauf ist, dann sind es nur noch 1000. Weil sich die Menge im Lauf des Lebens ändert, haben wir die Zahl dieser Bekannten auf insgesamt 2000 geschätzt. Die passen alle in einen großen Konzertsaal.

Zwar haben viele Menschen Hunderte von „Freunden" in sozialen Netzwerken, aber mit wirklicher Freundschaft hat das nicht viel zu tun. Ein bekannter britischer Forscher sagt, dass man mit etwa 150 Menschen gleichzeitig eine „stabile Beziehung" haben kann – das sind Leute, mit denen wir durchaus eine Cola oder einen Kaffee trinken würden.

Gute Bekannte sind Leute, die wir zum Beispiel zu einer Party einladen würden. Davon haben Erwachsene etwa 50.

Die Zahl der Menschen, die wir als Freunde bezeichnen würden, wächst stetig, bis wir etwa 25 sind, dann nimmt sie wieder ab. Erwachsene über 30 haben nur noch etwa 10 Freunde oder Freundinnen.

„Echte Freunde" sind eine Seltenheit. Damit bezeichnet man Menschen, die man zum Beispiel mitten in der Nacht anrufen kann, wenn man ein Problem hat. Davon haben die meisten Menschen nur drei bis vier und oft sind das Freundinnen und Freunde aus der Schulzeit. Manche dieser Freunde verliert man aus den Augen, andere kommen neu dazu – insgesamt sind es über die Jahre vielleicht 10 dieser kostbaren Beziehungen, die man gut pflegen sollte.

3651 ROLLEN KLOPAPIER

»→ Auch wenn du jedes Mal nur ein paar Blätter von der Klopapierrolle abreißt – im Lauf der Zeit kommt da einiges zusammen: Jeden Tag verbraucht ein durchschnittlicher Deutscher 57 Blatt, das macht im Lauf eines Jahres 20.805 oder auch etwa drei Kilometer Klopapier. Im Laufe des Lebens summiert sich das auf 3651 Rollen, das Klopapierband würde von Hamburg nach Berlin reichen.

Je nach Land ist der Klopapierverbrauch sehr unterschiedlich: Die Spanier benutzen halb so viel wie die Deutschen, die Schweden doppelt so viel. Und in vielen Ländern der Erde kennt man gar kein spezielles Klopapier. Dort wird viel Wasser eingesetzt, um den Po zu reinigen. Das ist auch eigentlich hygienischer. Aber wenn wir schon so viel Papier verbrauchen, sollten wir darauf achten, Recyclingprodukte zu verwenden.

»→ Es gibt aber auch einiges zu wischen: Wir scheiden jeden Tag etwa 400 Gramm Kot aus und 1,4 Liter Urin. Diese festen und flüssigen Stoffe summieren sich im Lauf des Lebens zu einem 11.680 Kilo schweren Kackhaufen und einem mit Pipi gefüllten Swimmingpool von 4 mal 7 Metern! *

3992
LITER MILCH

»→ Babys brauchen in den ersten Monaten ihres Lebens eigentlich nur eine Sorte Nahrung: die Muttermilch. Das deutsche Durchschnittsbaby wird acht Monate lang gestillt (in anderen Ländern stillen die Mütter viel länger) und trinkt in dieser Zeit etwa 200 Liter Muttermilch.

»→ Die Milch, die wir im Laden kaufen, ist ja eigentlich auch Muttermilch – die Mutterkuh produziert sie ursprünglich für ihre eigenen Kälbchen. Erwachsene Menschen konnten früher diese Milch gar nicht vertragen, weil ihr Körper den Milchzucker nicht abbauen konnte. Vor etwa 12.000 Jahren aber erfanden unsere Vorfahren die Landwirtschaft und entdeckten, dass sie aus der Kuhmilch allerlei leckere Produkte machen konnten. Und so lernte der menschliche Körper mit der Zeit, Milch zu vertragen.

»→ Heute sind ganze Supermarktregale voll mit Milch und Milchprodukten, und wir verputzen große Mengen davon: Im Lauf deines Lebens trinkst du etwa 3992 Liter Kuhmilch, du schmierst dir 504 Kilo Butter aufs Brot, isst 2032 Kilo Käse und 1184 Kilo Joghurt. Das ist gesund, sagen Ernährungsforscher, denn Milchprodukte enthalten wichtige Stoffe, die wir zum Leben brauchen – zum Beispiel das Kalzium, aus dem unsere Knochen bestehen. *

5866
KILO WEGGEWORFENE LEBENSMITTEL

Vielleicht ist dir das schon mal passiert: Du hast deinen Teller nicht leer gegessen, und dann hat deine Mutter oder dein Vater zu dir gesagt: „Denk doch an die Kinder, die nichts zu essen haben!" Und dann hast du überlegt, ob man wirklich deine angebissenen Würstchen und pappigen Nudeln um die Welt schicken könnte ...

Jedes Jahr werden weltweit 1,3 Milliarden Tonnen Essen weggeschmissen, das noch genießbar ist. Gleichzeitig leiden fast 700 Millionen Menschen Hunger. Natürlich sollen die nicht unsere Abfälle zu essen bekommen. Aber unsere Verschwendung belastet den gesamten Planeten, weil die Landwirtschaft große Flächen verbraucht und die Umwelt schädigt. Und Geld kostet der Lebensmittelmüll auch – Geld, das wir sonst für einen besseren Zweck einsetzen könnten.

In Deutschland werden jedes Jahr 11,9 Millionen Tonnen Lebensmittel weggeworfen. Würde man die alle auf Lastwagen verladen, dann gäbe das eine Lkw-Schlange von Berlin bis Südafrika. Ein Teil dieses Abfalls fällt schon beim Bauernhof an, in Fabriken, in Supermärkten und Restaurants – aber die Hälfte entsteht bei uns zu Hause. In einem ganzen Leben sind das pro Person 5866 Kilo. Einiges davon sind Abfälle wie Kartoffelschalen oder Knochen, aber etwa die Hälfte des Lebensmittelmülls ist vermeidbar. Entweder haben wir zu viel gekauft und Obst, Gemüse und Fleisch verderben. Oder wir haben tatsächlich den Teller nicht leer gegessen und werfen den Rest weg. Dabei wäre es so leicht, diesen überflüssigen Müll zu vermeiden!

6000 WINDELN

»→ Vielleicht hast du ein kleines Geschwisterchen, das noch gewindelt wird. Wegwerfwindeln sind eine bequeme Sache: Das Baby macht sein Geschäft hinein, man faltet die Windel zusammen und wirft sie in den Müll. Kaum jemand benutzt noch wiederverwendbare Stoffwindeln. In den ersten Lebensmonaten braucht ein Durchschnittsbaby 8 Windeln pro Tag, dann werden es immer weniger, am Ende ist es nur noch nachts eine Windel. In der Summe sind das 6000.

Und das heißt: Jedes Kind erzeugt etwa eine Tonne Abfall und man kann die Windeln nicht in die Biotonne werfen, in Deutschland werden fast alle verbrannt. Es wird geschätzt, dass ein Zehntel unseres Hausmülls aus stinkenden Einwegwindeln besteht. Ein großer Windelhersteller hat ein Verfahren erfunden, wie man die Windeln recyceln könnte, aber dazu müsste man sie erst einmal alle separat vom Hausmüll einsammeln.

»→ Wir haben hier nur die Zahl der Babywindeln berechnet – für manche Erwachsene kommt aber im Alter eine Zeit, in der sie wieder Windeln brauchen. In Japan werden heute schon mehr Windeln für Erwachsene verkauft als für Kinder! ✱

Schokolade ist gesund! Der Kakao darin enthält sogenannte Antioxidantien, die zum Beispiel vorbeugend gegen Krebs wirken. Allerdings mögen Kinder lieber helle Schokolade mit wenig Kakao – und die ist nicht gesünder als anderes Süßzeug. Süßigkeiten, Eis und Chips gehören nicht zu den notwendigen Nahrungsmitteln, sie sind die „Extras", mit denen wir uns belohnen. Aber trotzdem kommt im Lauf des Lebens eine unglaubliche Menge davon zusammen: zweieinhalb Tonnen an Süßem und Knabberkram.

Den größten Gewichtsanteil daran hat Schokolade in Form von Schokoriegeln, Osterhasen, Weihnachtsmännern und so weiter. Wenn wir die gesamte Schokolade in rechteckiger Form zu uns nehmen würden, dann wären das 7296 Tafeln im Lauf des Lebens.

Der nächstgrößere Posten sind Kekse – 89.714 davon mamp-

7296 TAFELN SCHOKOLADE

fen wir. Knabberartikel stehen an dritter Stelle, umgerechnet 321.600 Kartoffelchips. Und schauen wir auf die klassischen Süßigkeiten, dann vertilgen wir die unvorstellbare Menge von 146.667 Bonbons oder 220.000 Gummibärchen (in Wirklichkeit ist es natürlich eine Mischung von verschiedenen Süßigkeiten).

Insgesamt ist das auf jeden Fall mehr, als Ernährungswissenschaftler empfehlen. Insbesondere essen wir viel zu viel Zucker! Der steckt ja nicht nur in den Süßigkeiten, sondern auch in vielen anderen Lebensmitteln, zum Beispiel Fruchtsaft oder Marmelade. Für Kinder empfehlen die Experten eine tägliche Menge an Süßigkeiten, die zum Beispiel 5 kleinen Stücken Schokolade entspricht oder 10 Gummibärchen – wohlgemerkt „oder"! Durchschnittliche Deutsche essen aber jeden Tag doppelt so viel.

Dieser Baum trägt 128 Äpfel – das ist eine Jahresration.

10.200

ÄPFEL

»→ Obst ist gesund und zum Glück mögen die meisten Kinder Obst. Es enthält wertvolle Vitamine, zum Beispiel das wichtige Vitamin C. Im Lauf unseres Lebens essen wir etwa 7 Tonnen Obst, und das ist ungefähr die Menge, die auch von Ernährungsexperten empfohlen wird. Darunter sind 10.200 Äpfel, 7600 Bananen und 19.200 Erdbeeren.

»→ Übrigens sind Fruchtsäfte und Smoothies (also püriertes Obst) längst nicht so gesund wie die komplette Frucht. Sie enthalten zwar auch die wichtigen Vitamine, aber weniger von den gesunden Ballaststoffen – das sind Stoffe, die unser Körper nicht verwerten kann, die aber für eine gute Verdauung sorgen. Und wer seinen Durst mit Orangensaft stillt, der führt seinem Körper viel zu viel Zucker zu! ✱

Die meisten Menschen treiben regelmäßig irgendeinen Sport. Aber ein Drittel tut gar nichts.

Viele Kinder treiben Sport. Schon allein, weil es in der Schule Sportunterricht gibt. Dann geht ihr vielleicht noch in einen Fußballverein, spielt Tennis oder nehmt Reitstunden. Erwachsene dagegen bewegen sich oft zu wenig. Sie verbringen viele Stunden bei der Arbeit, kümmern sich dann noch zu Hause um die Familie und dann bleibt nicht viel Zeit für anderes.

Aber immerhin: 179 Minuten pro Woche, also knapp drei Stunden, treiben der oder die Durchschnittsdeutsche Sport. Am beliebtesten sind dabei Aktivitäten, die man ganz einfach

12.411

STUNDEN SPORT

allein ausüben kann: Fahrradfahren (27 %), Joggen (17 %) und Schwimmen (16 %).

Deutsche betreiben Sport gerne in Vereinen. Etwa 30 Prozent sind Mitglied in einem Sportverein. Bei den Kindern sind es noch mehr: 82 Prozent der Jungen und 62 Prozent der Mädchen zwischen 7 und 14 sind in einem Verein. Bei den Jungen steht Fußball ganz vorne, dann kommen mit großem Abstand Turnen, Schwimmen und Tennis. Mädchen turnen am liebsten, dann kommen Fußball, Reiten und Schwimmen.

Die zehn meistverspeisten Gemüsesorten der Deutschen

Wahrscheinlich hat man es dir schon öfters gesagt: Iss mehr Gemüse! Viele Kinder essen ja lieber ungesündere Sachen wie Süßigkeiten, aber Gemüse ist wirklich das gesündeste Nahrungsmittel. Es enthält neben den Kohlenhydraten sehr viele wichtige Vitamine und „Spurenelemente" – das sind Substanzen wie Eisen, von denen wir nicht viel brauchen, ohne die wir aber nicht leben können. Eisen zum Beispiel brauchen wir für unser Blut. Außerdem stecken viele Ballaststoffe drin. Insgesamt hat Gemüse eine hohe „Nährstoffdichte", sagen die Ernährungswissenschaftler: viel Gutes bei wenig Kalorien.

Kinder sollten deshalb jeden Tag mindestens drei Portionen Gemüse essen. Eine Portion ist so viel, wie du in deinen Händen fassen kannst.

Im Lauf des Lebens isst ein Deutscher oder eine Deutsche etwa 8,3 Tonnen Gemüse und Salat – das ist deutlich we-

18.677

TOMATEN

niger, als die Ernährungsexperten empfehlen. Aber immerhin essen wir heute fast doppelt so viel wie vor 50 Jahren. Und unter anderem gehören dazu 18.677 Tomaten (da ist Ketchup und Fertig-Tomatensoße nicht mitgezählt) und 10.700 Möhren. Würde man all die Kisten Gemüse, die du im Leben verzehrst, aufeinanderstapeln, dann wäre der Turm etwa so hoch wie der höchste Wolkenkratzer Deutschlands, das Commerzbank-Hochhaus in Frankfurt am Main!

Kartoffeln zählen übrigens nicht zum Gemüse. Von denen essen Deutsche im Lauf des Lebens etwa 51.111 Stück. Auch wenn die Deutschen gerne als „Kartoffelfresser" bezeichnet werden: Im internationalen Vergleich liegen wir eher weiter hinten, auf Platz 24. In manchen osteuropäischen Ländern werden doppelt so viele Kartoffeln pro Kopf gegessen wie bei uns!

Du isst so viele Eier,
wie 33 Hühner in ihrem
ganzen Leben legen.

19.120
EIER

Rührei, Spiegelei, gekochtes Ei, Omelett, verlorenes Ei – wir essen Hühnereier in vielen unterschiedlichen Formen, außerdem kommen sie als Zutat in viele Speisen. Zum Beispiel in Kuchen und Kekse. Fast jeden Tag isst jeder und jede von uns ein Ei, genauer gesagt: 239 Eier pro Jahr im Durchschnitt. Und nicht nur für Fleisch, auch für Eier leben und sterben Tiere. Am Ende deines Lebens haben 33 Hennen nur für dich ihre Eier gelegt!

Nur etwas mehr als die Hälfte dieser Eier haben deine Familie und du tatsächlich selbst eingekauft. Der Rest steckt in den fertigen Produkten, die du im Laden kaufen kannst. Schau mal auf die Zutatenliste, die auf der Packung aufgedruckt ist – oft stecken Eier in Produkten, bei denen du das gar nicht gedacht hättest!

Sind Eier gesund? Da sind sich die Wissenschaftler nicht einig. Einerseits enthalten Eier fast alle wichtigen Nährstoffe, andererseits könnten sie aber auch zu Herz- und Kreislaufkrankheiten beitragen. Aber drei bis vier Frühstückseier pro Woche sind auf jeden Fall unbedenklich. *

Nirgenwo auf der Welt gibt es so viele Brot- und Brötchensorten wie in Deutschland.

»→ Die Deutschen lieben Brot. Und Brötchen, Croissants, Brezeln. Insgesamt 6367 Kilo Backwaren essen wir im Verlauf unseres Lebens. Und nirgendwo auf der Welt gibt es so viele Sorten wie bei uns: etwa 3000 Brotspezialitäten zählen die deutschen Bäckerinnen und Bäcker. Wenn Deutsche in andere Länder in Urlaub fahren, vermissen sie vor allem die deutsche Brotvielfalt.

Die Brotmenge, die jeder von uns täglich verdrückt, entspricht zum Beispiel drei Scheiben Mischbrot, einem Brötchen und einer Brezel.

»→ Brötchen waren früher eher ein Sonntagsgebäck. Heute essen die Deutschen viermal in der Woche Brötchen. Wir haben mal angenommen, dass sie in einer Woche fünf Brötchen verzehren, so sind wir auf die Zahl von 20.800 gekommen.

20.800
BRÖTCHEN

Und wer backt die Brötchen? Zwei Drittel unseres Brots werden mittlerweile in Großbäckereien produziert. Und immer weniger Jugendliche wollen Bäcker werden. Die Zahl der Bäckerlehrlinge hat sich in den letzten zehn Jahren halbiert, genauso wie die Zahl der kleineren Bäckereien.

»→ Brot hält sich nicht lange, es ist oft schon nach einem Tag trocken. Deshalb verkaufen die Bäckereien ihre Ware kurz vor Ladenschluss oft billiger – da kann man viele leckere Sachen günstig einkaufen. Trotzdem wird etwa ein Fünftel des Brots weggeworfen, meist schon in der Bäckerei.

Werft ihr zu Hause altbackenes Brot in den Müll? Das muss nicht sein – man kann es zu Paniermehl verarbeiten, oder man macht „Arme Ritter": Brot in Milch und Ei einweichen, in der Pfanne backen und Zucker drüberstreuen – super lecker! ✱

Du wirfst so viel weg, wie in vier Müllwagen passt.

Etwa ein Drittel davon wandert in die Biotonne, …

… ein Drittel in die Wertstofftonne, oder in Glas- und Papiercontainer …

… und das letzte Drittel ist sogenannter Restmüll.

36.560
KILO MÜLL

»⟶ Jede und jeder von uns erzeugt in einem Jahr 457 Kilo Müll. Das ist mehr als ein Kilo Abfall jeden Tag.

Diese Wertstoffe können zum größten Teil recycelt werden, man kann neue Produkte daraus machen. Aber das letzte Drittel ist sogenannter Restmüll, mit dem man nichts mehr anfangen kann. Der wird in Deutschland meistens verbrannt. Die Wärme aus der Verbrennung kann man immerhin noch zum Heizen verwenden.

»⟶ Wahrscheinlich wird sich an diesen Zahlen, aber auch an der Art, wie der Müll eingesammelt wird, in deinem Leben einiges ändern. Am wichtigsten ist es, dass wir die Müllmenge reduzieren und nicht mehr so viel wegwerfen. Außerdem wird das Recycling sich hoffentlich verbessern. Die Deutschen gelten zwar als Weltmeister im Mülltrennen, aber viele Abfälle landen immer noch in der falschen Tonne. Da könnten in Zukunft Roboter helfen. Wenn die erst einmal gelernt haben, die Müllsorten zu unterscheiden, können wir alle trockenen Abfälle in eine Tonne werfen – in der Müllfabrik werden dann die einzelnen Stoffarten perfekt sortiert und wiederverwertet. *

Dein Zahnarzt hat es dir wahrscheinlich auch schon öfter gesagt: Der Mensch sollte sich mindestens zweimal am Tag die Zähne putzen, morgens und abends. Dazwischen vielleicht noch einmal nach dem Mittagessen – mehr ist nicht nötig. Wer sich nach jeder kleinen Mahlzeit die Zähne schrubbt, der übertreibt es.

Das bedeutet, dass du in 80 Jahren 58.400-mal die Zahnbürste benutzen solltest. Aber nicht jeder tut das. In Umfragen gibt etwas mehr als die Hälfte der Deutschen an, sich mindestens zweimal am Tag die Zähne zu putzen. Etwa ein Viertel tut es zumindest einmal. Aber 21 Prozent sagen, sie würden sich nie die Zähne putzen. Bei denen können sich schädliche Karies-Bakterien ungehindert ausbreiten und die Zähne schädigen. Und von ihnen angeatmet werden möchte man auch nicht …

39.128

MAL ZÄHNEPUTZEN

Nehmen wir den Durchschnitt all dieser Werte, dann putzt du im Leben 39.128-mal deine Zähne und drückst dabei 783 Meter Zahnpasta auf die Bürste.

»→ Und was die Hygiene für den restlichen Körper angeht: Die meisten erwachsenen Deutschen duschen jeden Tag. Insgesamt wirst du in deinem Leben 20.440-mal unter die Dusche oder in die Badewanne gehen und dort 114 Tage verbringen. Bei der Rechnung haben wir eine durchschnittliche Duschzeit von 8 Minuten angesetzt. Aber Hautärzte sagen: Wir duschen zu heiß und zu lange – das ist nicht gut für die Haut. Drei Minuten sind genug.

»→ Die reichen auch für ein komplettes Lied. Denn 55 Prozent der Deutschen singen gern unter der Dusche. ✱

Unsere Lieblingsgetränke
1
Kaffee:
13.280 Liter
2
gekauftes Wasser:
12.128 Liter
3
Bier:
7568 Liter
4
Tee:
5440 Liter
5
Limo und Cola:
5432 Liter
6
Milch:
3992 Liter
7
Fruchtsaft:
2560 Liter
8
Wein:
1600 Liter

88.533

TASSEN KAFFEE

»⟶ Was trinkst du am liebsten? Kaffee bestimmt nicht – aber wenn du erwachsen bist, wird das dein Lieblingsgetränk sein, wenn du eine typische Deutsche oder ein typischer Deutscher bist. Drei bis vier Tassen pro Tag trinken Erwachsene, und das summiert sich im Lauf des Lebens auf 88.533 Tassen, 89 Badewannen voll. Da kommt kein anderes Getränk mit.

Auf Platz zwei der Getränke, für die wir Geld ausgeben, steht Wasser in Flaschen, mit oder ohne Kohlensäure. 12.128 Liter davon schleppen wir vom Laden in unsere Wohnung – eigentlich seltsam. Wir könnten auch einfach den Wasserhahn aufdrehen und bekommen viel billigeres Wasser in Topqualität.

Platz drei: Bier. Erwachsene trinken eine Menge davon – Männer doppelt so viel wie Frauen.

Du trinkst wahrscheinlich am liebsten die Getränke, die auf Platz 5 stehen: Limonade und Cola. Die sollte man eigentlich nicht als Durstlöscher einsetzen, denn sie enthalten viel Zucker – ein Liter normale Cola zum Beispiel 36 Stück Würfelzucker! Die Ernährungsexperten sagen: Wer wirklich durstig ist, soll Wasser trinken – alle anderen Getränke enthalten irgendwelche Stoffe, die in großen Mengen nicht gesund sind. *

Pro Nacht träumen wir etwa fünfmal.

146.000 TRÄUME

»→ Wie oft träumst du? Vielleicht ein paarmal pro Woche? Falsch: Jeder und jede von uns träumt etwa fünfmal pro Nacht. Aber diese Träume bleiben nicht im Gedächtnis haften. Nur wenn wir kurz nach einem Traum aufwachen, haben wir eine Chance, uns daran zu erinnern. Du kennst das vielleicht auch: Direkt nach dem Aufwachen fühlen wir den Traum noch ganz unmittelbar, nach fünf Minuten können wir uns nur noch an Bruchstücke erinnern, wenn überhaupt.

Träume erleben wir während der sogenannten REM-Phase des Schlafs. Das kommt vom englischen *rapid eye movement,* „schnelle Augenbewegung". Die Augen flitzen unter den geschlossenen Lidern hin und her und schauen sich sozusagen im Traum um. Zum Glück können wir in dieser Schlafphase nicht die Muskeln von Armen und Beinen bewegen, sonst würden wir wahrscheinlich wild strampeln und gestikulieren im Bett.

»→ Wofür Träume eigentlich gut sind, ist immer noch umstritten. Manche Psychologen glauben, dass Träume eine Bedeutung für unser Leben haben. Viele Hirnforscher meinen, dass unser Gehirn in der Nacht eine Art Hausmeistertätigkeit ausübt, Erinnerungen vom Kurzzeit- ins Langzeitgedächtnis transportiert und dabei Wichtiges von Unwichtigem trennt. Träume seien nur eine Art Nebeneffekt davon, so eine Art „Abfall“, der beim Aufräumen anfällt.

»→ Noch schwerer, als die Zahl der Träume zu ermitteln, ist es, Gedanken zu zählen. Denken wir nicht ständig, wenn wir wach sind? Ja, aber wir springen etwa 6200-mal am Tag von einem Gedanken zum anderen, haben Psychologen im Jahr 2020 berechnet. Macht 181.040.000 Gedanken im ganzen Leben.

408.800 PUPSE

»⟶ Pupse sind eine peinliche Angelegenheit. Die lauten sind deutlich zu hören und dann drehen sich die anderen Kinder in der Klasse zu dir um. Die leisen hört man nicht, dafür riechen sie umso schlimmer. Aber alle Menschen pupsen – Männer und Frauen, Alte und Junge.

Das liegt daran, dass unser Körper bei der Verdauung Gase produziert und die müssen irgendwie raus. Einen großen Teil davon nimmt die Darmwand auf, sie gelangen über das Blut in die Lunge und werden dann ausgeatmet. Aber es bleiben etwa 700 Milliliter am Tag, die wir in Form von etwa 14 Pupsen an die Umwelt abgeben. Pupse zu unterdrücken ist ungesund!

Ein Teil dieser Abgase stammt auch von Luft, die wir verschluckt haben – wir schlucken etwa 1000-mal am Tag, und jedes Mal gerät dabei auch ein bisschen Luft in den Magen. Den größten Teil davon lassen wir aber durch einen Rülpser wieder heraus, bevor er in den Verdauungstrakt gelangen kann.

Wie viel wir rülpsen müssen, können wir beeinflussen: Wer sein Essen hinunterschlingt oder dabei ständig redet, schluckt mehr Luft. Und natürlich erzeugen Getränke mit Kohlensäure wie Cola, Limo und Bier besonders viele Rülpser. ✱

511.000 MAL LACHEN

»→ Im Jahr 1962 passierte in dem afrikanischen Land Tansania etwas Seltsames: Drei Mädchen brachen am Ufer des Victoriasees in Lachen aus und konnten gar nicht wieder aufhören. Sie steckten damit die Schüler ihrer Schule an und die musste ein paar Wochen später geschlossen werden, weil alle ständig lachten. Die Epidemie breitete sich aus, insgesamt waren über 1000 Menschen von den Lachanfällen betroffen und es dauerte mehrere Monate, bis sich alle wieder beruhigt hatten.

»→ Das wird dir wahrscheinlich nie passieren, aber auch dein Lachen summiert sich im Lauf des Lebens. Durchschnittlich 17,5-mal am Tag lachen wir – natürlich mehr, wenn wir mit anderen zusammen sind, als wenn wir allein sind. Und wir lachen nicht nur über Witze: Die meisten Lacher produzieren wir, um einfach für gute Stimmung im Gespräch zu sorgen. Und das ist gesund: Viele medizinische Studien haben gezeigt, dass Menschen, die viel lachen, seltener krank werden. *

Dafür geben wir unser Geld aus:

428.232

für Miete oder für den Kauf eines eigenen Hauses oder einer Wohnung

171.293

für Lebensmittel

51.003

für Kleidung (siehe Seite 37)

50.041

für Gesundheit, vor allem die Krankenversicherung

136.649

für Freizeit, Unterhaltung und Kultur. Darunter fallen Sport, Bücher, Kino, Fernsehgeräte und vieles andere

10.104

für Bildung: Schulbücher, aber auch Studiengebühren

75.542

für Hotels und Restaurants

168.887

für Verkehrsmittel – fürs eigene Auto, aber auch für Bahn- und Flugreisen

67.843

für Möbel und Haushaltsgeräte

1.238.504 EURO

»⟶ Die meisten von uns sind Millionäre – jedenfalls wenn wir aufs ganze Leben schauen und den Durchschnitt aller Deutschen betrachten. Pro Kopf geben die Deutschen jeden Monat 1290 Euro aus.

Das kommt dir wahrscheinlich sehr viel vor, wenn du es mit deinem Taschengeld vergleichst. Aber während du dieses Taschengeld ziemlich frei ausgeben kannst, müssen deine Eltern Dinge bezahlen, die du vielleicht für selbstverständlich hältst. Schaut man sich an, wofür diese vielen Euros im Lauf des Lebens ausgegeben werden, dann bleibt gar nicht so viel für Extrawürste übrig.

Aber hier müssen wir noch mal betonen, dass nicht jeder und jede so viel Geld zur Verfügung hat. Etwa 13 Millionen Menschen in Deutschland sind arm. Bei Kindern ist der Anteil der Armen übrigens noch größer als bei den Erwachsenen!

Und was ist mit Taschengeld? Es gibt eine Empfehlung des Deutschen Jugendinstituts dazu. Wenn deine Eltern sich daran halten, bekommst du, bis du 19 bist, insgesamt 4130 Euro. ✱

1.788.800 LIEDER

Wie viele Lieder kennt ein Durchschnittsmensch? Die Frage lässt sich praktisch nicht beantworten. Was heißt schon „kennen"? Ein Song, den wir einmal gehört haben? Den wir mitsummen können? Dessen Text wir vom Anfang bis zum Ende mitsingen können?

Laut Statistik hören die Deutschen 21,5 Stunden Musik in der Woche, fast die Hälfte davon im Radio. Das haben wir auf 80 Jahre berechnet und sind dann davon ausgegangen, dass ein einzelnes Lied drei Minuten dauert (klassische Stücke sind natürlich meistens länger!) Dann kommt man auf diese riesige Zahl. Darunter sind natürlich viele Wiederholungen – wenn du einen Song einmal lieb gewonnen hast, hörst du ihn bestimmt Hunderte von Malen.

Wie die Menschen Musik hören, das hat sich in den letzten Jahren gewaltig verändert. Früher war man entweder der Musik ausgeliefert, die im Radio gespielt wurde, oder musste sich Platten und CDs kaufen. Heute hören über 60 Prozent der Menschen Musik auf ihrem Smartphone, und über Streamingdienste sind fast alle Songs, die jemals aufgenommen wurden, jederzeit verfügbar.

3.650.000 LITER WASSER

»⟶ Aus unserem Wasserhahn in der Küche und im Bad kommt sehr sauberes Trinkwasser. Aber nur einen winzigen Teil davon trinken wir tatsächlich. Der Rest der 125 Liter, die pro Person jeden Tag aus der Leitung fließen, wird zum Duschen benutzt, zum Wäschewaschen und Geschirrspülen. Im ganzen Leben summiert sich dieser Wasserverbrauch auf 3.650.000 Liter. Das ist der Inhalt eines Würfels von 15,40 Metern Seitenlänge.

Wobei das Wort „Wasserverbrauch" eigentlich falsch ist – das Wasser geht ja nicht für alle Zeiten verloren, es landet nur woanders und wird mehr oder weniger verschmutzt. In Deutschland zum Beispiel haben wir eigentlich genug Wasser. Problematisch ist es, wenn für die Produkte und Lebensmittel, die wir bei uns kaufen, Wasser in anderen Ländern verwendet wird, in denen es vielleicht Mangelware ist.

»⟶ Dieses Wasser bekommen wir nie zu sehen, Wissenschaftler sprechen auch von „virtuellem Wasser". Und davon nutzen wir erheblich mehr, als wir selber aus dem Hahn zapfen: Schon wenn sich deine Mutter oder dein Vater morgens eine Tasse Kaffee machen, haben sie 140 Liter virtuelles Wasser

Das Wasser, das wir
aus der Leitung zapfen,
füllt einen Würfel von
15,40 Metern Seitenlänge.

verbraucht! In einem Hamburger stecken 2400 Liter virtuelles Wasser, in einem T-Shirt 4100 Liter, in einem Computer 20.000 Liter und in einem Auto 400.000 Liter. In unserem Leben summiert sich dieser virtuelle Wasserverbrauch, der auch „Wasserfußabdruck" genannt wird, auf den Inhalt von 46 großen Schwimmbädern!

»→ Man unterscheidet bei diesem virtuellen Wasser drei Sorten: „Grünes Wasser" ist Regenwasser oder das, was Pflanzen direkt aus dem Boden aufnehmen. Das ist kein großes Problem. „Blaues Wasser" ist hochgepumptes Grundwasser oder Wasser aus Flüssen und Seen, mit dem Felder bewässert werden. Das ist problematisch in Ländern, in denen es zu wenig Wasser gibt. Und „graues Wasser" ist die Menge, die man bräuchte, um das Abwasser wieder sauber zu bekommen, das zum Beispiel durch die Ausscheidungen von Tieren verschmutzt wurde.

Anders als beim CO_2 (siehe nächste Seite), wo weniger auf jeden Fall besser ist, sagt der Wasserfußabdruck also noch nicht viel darüber aus, wie umweltfreundlich ein Produkt ist. Man muss genauer hinschauen, wo das Wasser verbraucht wird!

Das CO_2, das du an einem einzigen Tag produzierst, füllt 5000 Luftballons! Ganz korrekt ist das Bild nicht. CO_2 ist schwerer als Luft, deshalb würden die Ballons nicht nach oben steigen!

Wir Menschen verändern das Klima der Erde, indem wir Öl, Kohle und Erdgas verbrennen. Dadurch entsteht das Gas Kohlendioxid (CO_2), das in die Atmosphäre entweicht. Dort wirkt es wie eine Glasscheibe. Man nennt das Treibhauseffekt. Unser Planet wärmt sich auf, und die Folgen sind heute schon spürbar, etwa wenn es extreme Wetterereignisse wie Überschwemmungen in Deutschland oder Waldbrände in Nordamerika gibt.

Eure Großeltern wussten noch nicht viel von diesen Zusammenhängen. Die Generation eurer Eltern hat es herausgefunden, aber zu wenig dagegen getan. Die nächsten Jahre bis 2050 werden entscheiden, ob wir die Erderwärmung auf ein paar Grad beschränken können.

Und wie geht das? Wir müssen den Ausstoß von CO_2 dra-

116.337.886

LITER CO_2

matisch reduzieren. Die Europäische Union will bis zum Jahr 2050 klimaneutral werden. Vor allem dadurch, dass wir unsere Energie aus erneuerbaren Quellen wie Sonne und Wind gewinnen. Es werden auch Techniken entwickelt, mit denen man die Treibhausgase wieder aus der Luft zurückgewinnen kann. Das wird eine gewaltige Anstrengung.

Heute erzeugt jeder Mensch in Deutschland 9200 Kilogramm CO_2 pro Jahr. Das sind pro Tag über 5000 prall gefüllte CO_2-Luftballons! Für die Zahl, die in der Überschrift steht, haben wir angenommen, dass das Klimaziel erreicht wird. Bis 2050 wirst du jedes Jahr weniger Abgase erzeugen, danach gar keine mehr. Würde alles so weitergehen wie bisher, dann wäre dein CO_2-Gesamtausstoß mehr als dreimal so groß!

Über 400 Millionen Wörter – das ist 614-mal so viel, wie die gesamte Bibel enthält. Oder 419-mal alle sieben Harry-Potter-Bände.

453.868.740 WÖRTER

»⟶ Sprechen Frauen mehr als Männer? Das ist ein altes Vorurteil, sogar Wissenschaftler haben das lange geglaubt – bis im Jahr 1998 ein deutscher Forscher an einer amerikanischen Universität auf die Idee kam, das einmal genau zu messen. Sein Team und er gaben Studierenden ein Aufnahmegerät, das in regelmäßigen Abständen alles aufzeichnete, was sie sagten. Das Ergebnis: Frauen und Männer quasselten gleich viel, ungefähr 16.000 Wörter pro Tag. Wenn man mit diesem „Tagespensum" 78 Jahre füllt (in den ersten beiden spricht man ja noch nicht so viel), kommt man auf 453.868.740 Wörter.

»⟶ In Wirklichkeit sind es wahrscheinlich ein paar weniger, weil alte Menschen nicht so viel Kontakt mit anderen haben wie Jüngere. Und natürlich gibt es auch hier ganz große Unterschiede von Mensch zu Mensch. Denk nur an die Leute, die in einem Beruf arbeiten, in dem sie viel sprechen müssen, zum Beispiel in einem Call-Center. *

Fast alle Säugetiere außer dem Menschen haben ungefähr eine Milliarde Herzschläge im Leben – von der Etruskerspitzmaus (800 Herzschläge pro Minute) bis zum Grauwal (30 Schläge pro Minute).

363.840.000

HERZSCHLÄGE

Mach mal folgendes Experiment: Überlege dir eine bestimmte Bewegung, es muss nichts Großes und Anstrengendes sein. Vielleicht mit einem Finger wackeln, die Zunge rausstrecken und wieder reinholen, mit dem Fuß wippen. Und jetzt machst du diese Bewegung oft hintereinander, solange du kannst. Egal wie klein und leicht die Bewegung ist, irgendwann geht's nicht mehr. Der entsprechende Muskel wird irgendwann müde.

»→ Der Herzmuskel dagegen darf nicht müde werden. Der zieht unser Herz zusammen und pumpt damit Blut in unseren Kreislauf. Und das muss er ständig tun, Tag und Nacht, unser ganzes Leben lang. Wenn er nur ein paar Minuten Pause machen würde, wären wir tot.

Unser Herz schlägt im Durchschnitt 80-mal pro Minute (mehr, wenn wir uns anstrengen, weniger im Schlaf). Das macht in 80 Jahren knapp 3,4 Milliarden Herzschläge.

»→ Manche Leute sagen sogar: Wir haben einen gewissen „Vorrat" an Herzschlägen und wenn der aufgebraucht ist, sterben wir. Das ist natürlich Unsinn. Aber es ist erstaunlich, dass fast alle Säugetiere ungefähr eine Milliarde Herzschläge im Leben haben – von der Etruskerspitzmaus, deren Herz über 800-mal pro Minute schlägt, bis zum Grauwal mit 30 Schlägen pro Minute. Der Mensch passt da auch ganz gut hinein, wenn du bedenkst, dass unsere Urahnen ja nicht so alt wurden wie wir heute.

»→ Es gibt noch ein paar andere Muskeln im Körper, die ständig aktiv sind und in denen wir trotzdem keinen Muskelkater bekommen: Unser Zwerchfell erweitert 672.768.000-mal den Brustkorb und lässt so Luft in die Lungen strömen. Und die Lidmuskulatur lässt uns durchschnittlich 420.480.000-mal blinzeln – Frauen übrigens häufiger als Männer.

WOHER DIE ZAHLEN KOMMEN

Woher wissen wir, dass dein Herz genau 3.363.840.000-mal schlägt und du in deinem Leben 7296 Tafeln Schokolade essen wirst? Das wissen wir natürlich nicht, und höchstwahrscheinlich stimmen diese Zahlen für dich auch gar nicht.

Denn erstens sind es Durchschnittswerte. Menschen, die viel Sport treiben, bringen ihr Herz öfter auf Touren, es schlägt pro Jahr öfter als das von Stubenhockern, die ihr Leben auf dem Sofa verbringen. Außerdem wird nicht jeder Mensch gleich alt – wir haben alle Zahlen in diesem Buch mit einem 80-jährigen Durchschnittsleben berechnet.

Durchschnittswerte sind auch nicht immer sinnvoll – etwa bei den 23 Gefängnistagen (Seite 27). Für die meisten Menschen ist dieser Wert null, hoffentlich auch für dich!

Unsere Werte sind die von heute, aber wir reden ja eigentlich von der Zukunft. Im Verlauf deines Lebens wird sich einiges ändern. Wenn die Wissenschaft in den nächsten Jahrzehnten viele Krankheiten besiegt, werden wir vielleicht alle älter. Dann schlägt auch unser Herz häufiger! Und werden wir in 50 Jahren noch Smartphones haben und Autos fahren? Essen wir vielleicht viel weniger Fleisch als heute? Das alles konnten wir für dieses Buch nicht berechnen.

Weil es so viele Unsicherheiten gibt, ist es eigentlich auch nicht sinnvoll, exakte Zahlen anzugeben wie etwa die 3651 Rollen Klopapier, die du im Leben verbrauchst. Wir haben es dennoch getan, weil es einfach besser aussieht!

»→ Und wie sind wir auf die Zahlenwerte gekommen? Für viele Fragen gibt es tatsächlich offizielle Zahlen. Das Statistische Bundesamt zählt jedes Jahr, wie viel Milch wir getrunken oder wie viele Eier wir gegessen haben. Dann gibt es Umfragen, in denen die Menschen zum Beispiel selber schätzen, wie viel Sport sie treiben oder wie häufig sie sich die Zähne putzen. Eine ganz tolle Quelle für unsere Zahlen ist die Wissenschaft. Es gibt nämlich kaum eine Frage, mit der sich nicht schon mal ein Forscher oder eine Forscherin beschäftigt hat. Sie haben zum Beispiel tatsächlich mitgezählt, wie oft wir pupsen und wie häufig wir lachen.

»→ Wir können hier nicht alle Quellen aufzählen, die wir benutzt haben. Manchmal haben wir selbst geschätzt, zum Beispiel bei der Zahl der Freunde und Bekannten – aber dann haben wir das auch dazugeschrieben. ✱

REGISTER

A

B

C

D

E

F

U

V

W

Z

Drösser, Christoph/Coenenberg, Nora:
Absolut rekordverdächtig – Dein Leben in Zahlen
ISBN 978 3 522 30606 5

Text: Christoph Drösser
Gesamtausstattung und grafisches Konzept: Nora Coenenberg
Satz: Tanja Haaf
Reproduktion: Schwabenrepro, Fellbach
Druck und Bindung: Livonia Print, Riga

FSC www.fsc.org MIX Papier | Fördert gute Waldnutzung FSC® C002795

2. Auflage 2022

Unsere Welt unter der Lupe

Christoph Drösser, Nora Coenenberg

100 Kinder

104 Seiten · Gebunden
ISBN 978-3-522-30537-2

Verblüffend, wie die Welt aussieht, wenn wir das Leben von 100 Kindern betrachten, die für die zwei Milliarden Kinder auf der Erde stehen. Ihr Alltag auf verschiedenen Kontinenten, in unterschiedlichen Religionen, fremden Ländern und Kulturen wird anhand statistischer Zahlen für Kinder verständlich erklärt und im Infografik-Stil anschaulich bebildert.

blibla
blibla